LETTRE

DU CITOYEN

QUATREMÈRE DISJONVAL,

ADJUDANT-GÉNÉRAL BATAVE,

AU Cen. COCHON,

MINISTRE DE LA POLICE GÉNÉRALE,

DE LA RÉPUBLIQUE FRANÇAISE.

A PARIS,

De l'Imprimerie du CERCLE SOCIAL, rue du Théâtre-Français, N.o 4.

AN 4 DE LA RÉPUBLIQUE FRANÇAISE.

LIBERTÉ, ÉGALIT

Paris, le 21 Messidor, l'an 4 de la R que Française, une et indivisible.

Le Ministre de la Police Générale de la République, au Citoyen QUATREMÈRE DISJONVAL, *chez le Citoyen* LALANDE, *Astronome, au Collège de France, place Cambray, à Paris.*

JE vous informe, Citoyen, que le Directoire Exécutif m'a chargé de faire un rapport sur votre affaire. Je vous invite en conséquence à m'envoyer, sans délai, les titres et papiers qui peuvent diriger mon travail.

Salut et fraternité,

COCHON.

LETTRE

DU CITOYEN

QUATREMÈRE DISJONVAL,

ADJUDANT-GÉNÉRAL BATAVE,

AU C^en. COCHON,

MINISTRE DE LA POLICE GÉNÉRALE,

DE LA RÉPUBLIQUE FRANÇAISE.

Au Collége de France, le 12 thermidor, an 4.

QUATREMERE DISJONVAL, Adjudant-Général Batave, en réponse à la lettre par laquelle le citoyen COCHON, ministre de la Police générale, lui demande ses titres à être revêtu d'un grade supérieur dans les armées de la République Française, où il a obtenu du Gouvernement Batave la permission de servir comme militaire auxiliaire, en date du 10 Janvier (v. st.).

CITOYEN MINISTRE,

C'est sans doute un nouveau précis de mes évènemens, depuis ma sortie des prisons d'Utrecht, que le Directoire exécutif desire. Je me plais à vous le fournir tel qu'on ne puisse plus le défigurer. Car même depuis cette époque j'ai été ou je suis devenu plus d'une fois les deux contraires. Je me suis vu accueilli et desiré jusqu'à croire qu'il n'y avait que moi pour mettre le comble à la grandeur de la révolution. Je me suis vu peu après si oublié, pour ne rien dire de moins, qu'on eût cru qu'une réunion, jugée d'abord très-rare de connaissances littéraires et mathématiques, de talens politiques et militaires, n'avait plus pour effet que de me concilier une indifférence universelle.

Je suis sorti le 17 Janvier 1795 de la prison de quatorze pieds, que m'avaient fait faire à Utrecht, dans un impénétrable secret, mon père et mon frère, moyennant une somme de vingt-deux mille livres qu'ils ont fait parvenir en 1788, au Stathouder et à ses juges, pour ne point me relâcher, comme ils y étaient pleinement et publiquement résolus. Mirabeau parle bien dans ses lettres de la lézine horrible et meurtrière qui accompagnait sa réclusion du fait de monsieur son père. Moi, pour en parler mieux, j'ai fait apposer les sceaux de la République sur les lambeaux inimaginables, qui couvraient depuis huit ans mes membres desséchés et adoloris par suite de toutes les machinations de cette haine paternelle et fraternelle, qu'il faudra toujours bien plus considérer, même en Hollande, que celle, assez active néanmoins, du Stathouder et de ses co-tyrans.

Tiré après sept ans et demi des fers auxquels mon père et mon frère avaient su me faire condamner pour vingt-cinq, je me présentai aux Généraux Français qui réunirent d'abord l'autorité tant civile que militaire, et avec lesquels j'avais un rapport de plus, étant originairement prisonnier de guerre, étant enfin militaire moi-même. Lorsque je dis que je m'y présentai, je devrais plutôt dire qu'on m'y présenta; car je m'y portai bien moins encore qu'on ne m'y porta. Depuis plusieurs années j'étais devenu impotent de presque toute ma partie gauche. J'avais les reins anquilozés. Une enflure des plus sérieuses commençait à envahir ma partie droite. En deux mots, la raison et le courage seuls me restaient.

Ce n'était pas assez pour que je pusse former des projets : aussi se hâta-t-on de disposer de moi. Sans trop s'occuper des quatre personnes qu'il fallait pour me remuer dans mon lit; sans beaucoup penser à la fièvre intermittente qui me reprenait sans cesse, et me reprenait même encore six mois après, comme vous le prouvera un certificat authentique ; sans tenir le moindre compte des deux monstres qui s'étaient emparés de mon existence au profit de leur jalouse haine, depuis à-peu-près dix ans ; on me fit arriver, par je ne sais combien de canaux, qu'il fallait me disposer à partir pour Paris. Je crois bien que les organes de cette nouvelle suggestion n'en étaient pas les auteurs. Ceux qui n'avaient pas pu m'achever par la prison, cherchaient indubitablement à m'achever par un voyage. Mais, je l'ai déjà dit, la raison et le courage me restaient.

J'eus donc la raison de penser d'abord à ma santé. J'eus ensuite le courage de me porter ou me faire porter, dans un local qui y fut de plus en plus approprié. Voyant enfin mes forces revenir de jour en jour, je ne désesperai pas de me réunir avant peu aux premiers auteurs d'une révolution pour laquelle j'avais tant souffert. On me pardonnera ou on ne me pardonnera pas mon inébranlable attachement, pour ceux avec lesquels j'avais commencé en 1787 à allumer le feu qui est encore à refondre l'Europe. Ce qu'il y a de certain, c'est qu'en rendant toute la justice due à mes vrais libérateurs, je conservais une dilection irrésistible pour ces hommes à jamais respectables avec lesquels j'avais écrit et combattu deux pleines années avant qu'il fût même question en France de révolution. D'ailleurs n'était-ce pas d'eux, que *Mirabeau, aux Bataves, sur le Stathouderat*, s'était plu à dire : « O illustre disgrace ! ô victorieuse » défaite ! puisse cette mémorable époque être » gravée dans les annales du monde en carac- » tères ineffaçables, et sa gloire rester toujours » nouvelle pour nos derniers neveux ! Ah ! soyez » à jamais ignorés de quiconque ne saura pas, » qu'ayant à combattre la tyrannie au-dedans, » la force au-dehors, la légèreté de vos voisins, » vous avez succombé en defendant la cause de » l'honneur, la cause de la patrie, la cause de » l'espèce humaine ! Peut-être la fortune triom- » phera-t-elle de la renommée, comme elle a » triomphé de la vertu. Mais votre conscience, » du moins, bravera ses atteintes, et le sou- » venir de ce que vous avez tenté habitera sans » cesse au fond de vos cœurs ; il y reposera » comme en un sanctuaire ; il n'en sortira qu'avec » la vie....... Honneur vous soit rendu, ô » nobles Républicains ! vous avez quitté vos » biens et votre patrie pour ne point fléchir » sous le joug d'une domination étrangère, ou » d'une oppression domestique. Votre fuite a » jetté la terreur dans l'ame du tyran. Des mil-

» liers de citoyens qui vous sont restés fidèles, » en dépit de l'inquisition stathoudérienne et » de leur soumission apparente à la révolu» tion, attendent impatiemment votre retour. » La haine de l'esclavage fermente dans tous les » cœurs ; les gênes apportées à l'instruction » publique, ne font que dévoiler mieux les vues » criminelles de Guillaume V ; elles ne sauraient » empêcher la diffusion des lumières, ni retar» der le moment propice, le jour de la liberté, » le jour de la vengeance ».

Il en fallait moins pour me porter à ne pas quitter les Bataves avec une promptitude indécente ; mais ils avaient des droits antérieurs à ma reconnaissance, et il me semble que je puis bien vous reproduire à cette occasion, Citoyen Ministre, ce que j'en écrivais naguères au Général Beurnonville, comme il arrivait pour commander en chef l'armée du Nord.

§ 3.

« C'est trop vous parler de moi, il faut main» tenant vous parler des Bataves. Ce fut l'un » d'eux qui réuni à un jeune Lieutenant de la » Légion de Nassau, m'a tiré en France de » mes premiers fers. Un digne Hollandais qui

„ se nommait van Duuren, qui faisait chez les
„ Moines de Château Thierry la fonction de bar-
„ bier, est celui qui a répandu le premier des
„ larmes sur mon si horrible sort. — Il est celui
„ qui m'a le plus aidé à me tirer du gouffre
„ où je gémissais, par les soins du Ministre
„ des Académies, entre quatre murs et entre quatre
„ fous. — Il est celui qui m'apportant aussi la
„ gazette de Leyde, et m'y faisant lire l'attaque
„ livrée par le Prince d'Orange aux villes
„ d'Hattem et d'Elburg, me fit jurer, avant de
„ me remettre ce qui pouvait décider ma fuite,
„ que je n'irais point en Angleterre, comme
„ c'était mon envie, mais que j'irais en Hol-
„ lande où mon courage et mon génie pour-
„ raient terrasser le Stathouder. *Veni*, *vidi*, *vici*.

§ 4.

„ Je souhaite qu'on puisse m'offrir un per-
„ sonnage plus intéressant à tous égards que le
„ digne Batave, que le vénérable Perruquier
„ van Duuren. Il a tout risqué pour m'envoyer
„ au secours de sa patrie. J'ai appris depuis qu'il
„ avait tout perdu. Car il me faut verser à mon
„ tour des larmes sur le sort de mon libéra-
„ teur. Mais il n'était que le premier des héros

» que j'étais appelé à connaître. Le peuple dont
» on ne parlait que pour son application ou
» son avidité commerciale, ne s'était préparé
» pendant un siècle de prospérités mercantiles
» qu'à donner l'exemple de fouler aux pieds
» l'or. On a vu des hordes sauvages quitter les
» antres de leur misère, et fondre sur des voisins
» opulens, pour revenir chargées de leurs dépouilles.
» On a vu des peuples d'une moyenne aisance
» aspirer à une plus grande fortune, en envoyant
» de nombreux essaims de guerriers chez toutes
» les puissances. Mais il restait à voir les plus
» riches habitans de l'Europe, quitter des de-
» meures qui s'appelleraient mieux des temples,
» pour commencer par ébranler le trône de la
» tyrannie sur leur propre sol, et aller offrir
» leur secours ainsi que leur exemple à trente
» millions d'hommes plus asservis encore. O
» Peuple Batave! tu n'as point aggrandi tes li-
» mites en commençant, (il y a bientôt dix
» années), cette guerre : tu les as rétrécies même :
» mais quel peuple osera te disputer la gloire
» d'avoir le premier fait flotter l'étendart de
» la liberté sur nos têtes ?»

Rempli de ces sentimens, comme je devais l'être, mon retour de Hollande en France n'était donc pas une démarche qu'il me fallut faire avec précipitation, quand bien même mon état physique ne s'y serait pas refusé, beaucoup au-delà du tems où il m'en fut fait l'offre. Elle me fut, je l'avoue, comme renouvellée, cette offre, par la pièce officielle, dont ci-après copie conforme à l'original déposé chez le Citoyen Gasche, Notaire, rue de Bussy.

Paris, le 3 Floréal, an troisième de la République Française, une et indivisible.

Le Comité de Législation, au Citoyen Quatremère Quincy, rue du Bacq, fauxbourg Germain.

« Tu demandes, citoyen, si ton frère Quatremère Disjonval peut sous quelques rapports être assimilé aux émigrés, et si tu peux faire procéder aux opérations qui résultent de l'ouverture de la succession de ton Père sans craindre l'intervention de l'Agent National ?

» Il est hors de tout doute que tu peux procéder à l'inventaire et à la liquidation de la succession dont il s'agit, en te contentant d'observer les formalités qu'on suit à l'égard d'un absent qui serait en France. L'Agent National ne peut et ne doit prendre aucune part à nulle de ces opérations.

„ En effet, tu prouves par un acte de noto-
„ riété duement en forme des 4 et 5 décembre
„ 1792, que ton frère, par suite du mauvais
„ état de ses affaires, (1) est sorti de France de-
„ puis l'année 1785, sans y avoir reparu depuis
„ cette époque non suspecte.

„ A cette première preuve tu en joins une
„ autre plus formelle et plus éclatante encore,
„ c'est le certificat délivré le 4 du présent mois
„ par le commissaire des relations extérieures de
„ la République Française près le Comité de
„ Salut Public, qui constate que d'après le rap-
„ port de cette commission, il a été écrit aux
„ représentans du peuple en Hollande :

„ A l'effet d'assurer sans délai la mise en
„ liberté de ton frère, prisonnier d'état à
„ Utrecht, depuis l'année 1787, et de lui faci-
„ liter son retour dans sa Patrie.

„ Ton frère est détenu depuis cette année
„ 1787 dans les prisons de la ville d'Utrecht,
„ par un motif qui l'honore aux yeux des amis

(1) Ne résultant aucunement d'inconduite, comme l'on sait, ni de spéculations folles, mais uniquement du parti généreux et nécessaire qu'il avait pris de sauver en dépit du gouvernement d'alors l'amélioration des laines, tant par la génération que par l'exploitation.

„ de la révolution Française. Il s'était armé en „ Hollande pour la liberté Batave, dans la „ révolution qui se manifesta en 1787. Le parti „ Stathoudérien fut alors victorieux. Ton frère „ avait joué un des premiers rôles dans ce „ grand différend où succomba la cause du peuple, „ ton frère devait être sacrifié par le Prince „ contre lequel il s'était armé (1).

„ Assurément toutes les lois sur l'émigration „ sont parfaitement étrangères à ton frère, qui „ détenu dans les liens de la captivité à „ Utrecht, n'a pu ni connaitre aucune de ces „ lois, ni répondre aux invitations successives „ de rentrer au sein de sa Patrie. Si la loi du „ 25 Brumaire a cru devoir excepter titre premier, „ section première, article deux, septième ex- „ ception, des dispositions prononcées contre „ les émigrés, ceux qui ont formé des établis- „ semens volontaires en pays étrangers, antérieu- „ rement au premier Juillet 1789; à combien „ plus forte raison excepte-t-elle de fait comme „ de droit, ceux qui, condamnés par la ty-

(1) Il ne faut pas oublier toutefois la somme de vingt-deux mille livres, qui, envoyée en Hollande, a rendu le malheur de plus en plus inévitable.

„ rannie, ont un établissement aussi forcé et „ aussi cruel que celui qu'on trouve sous la „ garde d'un geolier et dans l'horreur d'un „ cachot „ ?

Salut et fraternité.

Signé Berlier, *président*; et Laplaigne.

Mais si quelque chose peut prouver jusqu'à quel degré ont été poussées les horreurs de ce cachot, et par suite l'impossibilité physique où se trouva le patient de repartir pour une distance de plus de cent vingt lieues à travers mille lacs et autant de canaux, c'est le certificat suivant, auquel ne peuvent pas se refuser des Administrateurs français, puisqu'il est signé par deux Officiers de santé de l'armée Française :

Armée du Nord, cinquième division.

« Nous soussignés Officiers de santé en chef „ des hôpitaux militaires à la Haye, certifions à » qui il appartiendra, que l'Adjudant général „ de l'armée Batave, Quatremère Disjonval n'est „ délivré qu'en partie des affections rhumatis- „ males qui lui avaient paralisé les reins, les » jambes et le bras gauche; qu'il paraissait „ mieux guéri de sa fievre réglée, ayant tous les » caractères de la fièvre des prisons dont il a

„ été affecté jusqu'à la fin de Floréal ; mais » qu'il se trouve encore dans l'impossibilité de „ se rendre à Utrecht, eu égard aux dernières „ crises d'une fièvre intermittente ; et nous lui » délivrons le présent certificat avec d'autant plus „ de raison qu'il porte des signes non équi- „ voques de la maladie dont il est travaillé. „

A la Haye, le 10 Messidor, l'an troisième de la République Française ; autrement, le 28 Juin ; l'an premier de la Liberté Batave.

Etait *signé* BERTRAND, Officier de santé premiere classe ; DUCHENTARCH, Officier de santé 136e. régiment de dragons.

Les Etats d'Utrecht auxquels j'étais renvoyé par la province de Hollande, informés de leur côté du triste état dans lequel je me trouvais, par le Chirurgien-Major des gardes Suisses à la Haye qui leur certifiait la même chose en leur langue, m'ont accordé un délai de trois semaines à partir du 22 Messidor, autrement 10 Juillet, ainsi qu'il est porré au *Verzameling van alle de memorien van geleden schaden* page 97, qui est déposé chez mon Notaire comme faisant partie de mes titres et papiers. Personne assurément n'avait le droit de m'intimer l'ordre de partir pour la France, à moi qui depuis neuf ans étais

Officier des troupes de ligne et même de l'état major de l'armée Batave, si ce n'était le souverain ou le chef de cette armée ; et l'on voit que bien loin de penser à me faire partir de la Haye pour Paris, les états d'Utrecht m'ont accordé un délai de trois semaines pour me rendre de la Haye à Utrecht. Je cite donc plutôt ces titres et pièces pour faire juger jusqu'à quel point les scélératesses combinées de ceux qui avaient disposé arbitrairement de moi pendant dix années, étaient parvenus à désorganiser mon physique. Les chaleurs cependant et la continuité des soins m'ayant rendu quelques apparences de santé, j'ai été trouver les Représentans du Peuple qui se trouvaient à la Haye pour en obtenir les moyens de me rendre à Paris, après que j'aurais terminé mes affaires à Utrecht. Ils me répondirent qu'ils n'avaient ni fonds ni moyens d'aucune espèce à cette fin ; je les priai d'en écrire au Comité de Salut Public : ils le firent : ils me communiquèrent peu de jours après la réponse signée entr'autres du Président Cambacerès, finissant par assurer le Représentant Richard, *que le Comité allait s'occuper sans délai des réclamations de cet intéressant militaire*, mais restée sans aucun effet jusqu'au moment actuel.

Ce n'est pas que les autres membres de l'administration Française me laissassent manquer dans la Hollande des certificats les plus honorables pour mon patriotisme et mes talens militaires. Dès le 10 Germinal, ou 30 Mars, le Représentant Alquier m'avait remis en partant d'Amsterdam pour la Haye, la lettre suivante :

ÉGALITÉ. LIBERTÉ. FRATERNITÉ.

D'Amsterdam, le 10 Germinal, l'an III de la République Française, une et indivisible.

Alquier, Représentant du Peuple, près l'armée du Nord, en Hollande, aux Représentans provisoires du Peuple Hollandais.

« Je m'empresse de recommander à votre attention et à votre justice, citoyens Représentans, les réclamations du citoyen Quatremère Disjonval ; ce citoyen qui, après avoir consacré les talens les plus distingués, et la plus intrépide valeur à défendre les droits de la nation Batave, à l'époque de la révolution de 1787, a éprouvé la vengeance la plus atroce de la part de votre ancien gouvernement. Il vous appartient de réparer les injustices de vos prédécesseurs, et de consoler les amis de la liberté de tous les maux dont ils les ont accablés. Tous les Officiers Hol-

» landais peuvent attester l'excellente conduite
» et la bravoure du Citoyen Quatremère, de
» même que tous les hommes instruits peuvent
» rendre témoignage de ses vastes connais-
» sances. Je ne doute pas que vous ne vous
» empressiez, citoyens Représentans, de rendre
» à cet Officier la justice qu'il attend de vous,
» et que vous n'accordiez le plus vif intérêt à
» ses talens, à ses services et à ses malheurs ».

Salut et fraternité,

Etait *signé* ALQUIER.

Quoique les Aristocrates ne fussent pas encore parvenus au degré d'insolence auquel ils sont en ce moment, comme ils se disposaient déjà à attaquer tous ceux qui avaient procuré la révolution, en leur portant des coups plus ou moins directs, cette lettre n'eut d'autre effet que de me faire éprouver de leur part une assez bonne machination. Ils réussirent à faire circuler que j'étais dans un si entier délabrement, quant à la santé, que je ne serais jamais capable de reprendre le service militaire, même dans les grades que j'avais eus. L'on me fit arriver que je devais me préparer à recevoir, au lieu d'emploi,

ploi, une pension, et il me fallut bien croire, du moins à ce projet, lorsque le citoyen Lestevenon en fut convenu avec celui qui remplissait près de moi les fonctions de secrétaire. Mais si j'étais encore malade, je l'étais infiniment moins, et sur-tout je ne m'endormois pas. Vers le 12 Prairial (premier Juin) m'étant senti un accès de forces, j'essayai d'aller trouver le Représentant Ramel ; je lui révélai le complot de ceux qui voulaient m'enlever à la force armée de chacune des deux Républiques, et je lui demandai une lettre pour le citoyen Lestevenon lui-même, qu'il m'accorda peu de jours après.

LIBERTÉ. ÉGALITÉ. FRATERNITÉ.

La Haye, le 18 Prairial (6 Juin), l'an III de la République Française, une et indivisible.

Ramel, Représentant du Peuple Français, près l'armée du Nord, au citoyen Lestevenon, Représentant du Peuple de Hollande, et membre du comité militaire.

« Je crois, citoyen Représentant, devoir re- » commander de nouveau à votre justice le » citoyen Quatremère Disjonval, né Français,

„ mais devenu Batave par ses écrits, ses ser-
„ vices militaires, et l'horrible captivité qui en
„ a été pour lui pendant près de huit années
„ la solde. Je ne disconviendrai pas que sa
„ santé ne soit encore très-endommagée des
„ effets d'une captivité et d'une barbarie sans
„ exemple. Mais on les a beaucoup exagéré ces
„ effets, lorsqu'on a répandu que le si brave dé-
„ fenseur de votre liberté resterait hors d'état
„ de reprendre les armes pour elle. Les offi-
„ ciers de santé affirment unanimement le con-
„ traire, et je me hâte de vous en prévenir,
„ afin que la promotion qui vous occupe lui
„ décerne la première récompense due à son
„ dévouement, à ses souffrances, à ses talens „.

L'effet de cette lettre fut encore plus singulier que celui de la précédente. J'appris, très-peu de tems après, que j'étais fou. En un mot, messieurs les Aristocrates des deux nations, ne sachant plus qu'opposer à ma convalescence physique, s'avisèrent d'inhumer comme morte et ensevelie mon existence morale. Celle-ci ne l'était heureusement pas tant qu'elle ne put encore donner quelques signes de vie. Comme je croyais même n'avoir besoin que de me faire voir pour rentrer en pleine possession du peu d'intelligence que m'a donné la nature, je priai quelques membres des Etats-Généraux, ainsi que de la Municipalité, de vouloir bien se transporter chez moi, pour y voir le premier essai de mon moulin à faire les cordages sans corderies et sans cordiers, mais bien par un très-petit chien. Voici le résultat de cette séance tel que l'a cru devoir transmettre à la Gazette Française de Luzac, un des assistans, né Batave, [illegible]on pas Français. Je vous prie donc, citoye[illegible]nistre, d'excuser si la relation offre plus d'enthousiasme que d'atticisme.

La Haye, le 12 Juin 1795, l'an Ier. de la liberté Batave.

CITOYEN,

« Vous venez de rendre une justice qui vous » honore au militaire opprimé pour lequel il » paraît qu'il y eut toujours guerre, même » lorsque l'Europe était en pleine paix. Les » hostilités philosophiques qui le préparèrent » aux hostilités aristocratiques méritaient bien, » sous ce point de vue encore, de trouver une » place dans votre feuille ; mais vous appren- » drez sans doute, avec plaisir, que, dans la » semaine même où vous vous occupiez de faire

» à notre citoyen Quatremère Disjonval une
» si ample restitution, quant à la filature des
» aveugles-nés, il portait un nouveau coup aux
» philosophes en préparant aux hommes un nou-
» veau bienfait. Ce n'est pas tant la filature des
» aveugles-nés qui exaspère à un degré indi-
» cible nos prétendus savans contre lui, que son
» moulin à faire les cordages ou manœuvres de
» toute espèce sans corderies et sans cordiers.
» Voilà sur-tout ce qui fait que depuis tant
» d'années on le veut mort. Mais vains travaux !
» stériles efforts ! Bien que retombé, fin d'avril,
» dans un état qui fit plus que jamais craindre
» pour sa vie, nous devons le dernier fini d'une
» si importante machine, sinon à sa dernière
» maladie, du moins à sa convalescence. Il l'a
» fait refaire entièrement pour la septième fois
» de dessus son lit, et comme il avait des amis
» très-intelligens, il a pu, quoiqu'encore assez
» malade, refaire en entier une machine
» dont l'exécution saisit d'étonnement et de
» plaisir.

» Newton, qui n'était qu'un Anglais, paraît
» s'être occupé, ainsi que tous les géomètres
» qui l'ont précédé, ou suivi de tous les pro-
» blêmes relatifs à la rotation et à la torsion.
» Mais le citoyen Quatremère a pris l'état de

„ la question au point juste auquel l'illustre „ Duhamel du Monceau l'avait laissé, lorsqu'il „ termina son traité de la corderie, admirable „ à nombre d'égards, et comme tel déjà tra- „ duit depuis long-tems en Hollandais. Le nouvel „ athlète, non content de supprimer les cor- „ diers et les corderies, a encore embrassé la „ tâche hardie de supprimer le toupin et l'émé- „ rillon. Enfin, c'est en n'employant plus rien, „ de ce qui s'employait, qu'il est parvenu à „ bannir tous les inconvéniens déclarés jusqu'à „ ce jour incurables; et à bien dire, une éco- „ nomie de quatre-vingt-quinze pour cent sur la „ main-d'œuvre, que procure tout au moins „ cette machine, ne sera que le moindre de ses „ avantages.

„ Ce n'est pas chez les Bataves, c'est-à-dire „ chez les premiers navigateurs du Globe qu'il „ faut venir, pour voir de telles inventions „ étouffées ou faiblement acceuillies. A peine „ la régence de la Haye eût-elle appris par le „ bruit public ce qui avait lieu dans l'hôtel où „ résidait le citoyen Quatremère, qu'elle s'em- „ pressa d'aller reconnaître par elle-même la „ vérité de ce qu'on débitait. Un rendez-vous „ ayant été pris pour le lundi 11 du mois der- „ nier, le citoyen Quatremère fit manœuvrer

» sa machine et avec un tel succès, qu'un très-
» petit chien enfermé dans une roue produisit
» en moins de deux minutes environ trente
» brasses de corde premièrement tricolore,
» puis vulgaire, mais toujours supérieure quant
» à la grosseur, aux cordes de Yachts qu'il
» avait été convenu d'imiter.

» Suivent les noms des députés aux Etats-
» Généraux, et des autres membres du gou-
» vernement ou de la régence de la Haye, qui
» ont voulu par leur présence encourager et
» récompenser le citoyen Quatremère Disjonval,
» non seulement comme inventeur d'une si im-
» portante machine, mais encore comme étant
» bien connu pour le premier des Français qui
» soit venu attiser le patriotisme en ce pays.

» Les citoyens :

» Iman Cau, Député de la province de Zélande
» à l'Assemblée de LL. HH. PP. Les Etats-
» Généraux des provinces unies des pays-bas.

» Jean-Jacques Cau, frère du précédent.

» Frédéric-Georges Alsche, échevin de la
» Haye.

» Léonard van de Kastèele, échevin de la
» Haye, et Régent de la fondation des étudians
» du Renswœde.

„ Corneille Félix van Maanen, Avocat-fiscal „ et Procureur-général de la Hollande et de la „ Zélande, également Régent de la fondation „ des étudians du Renswœde.

„ Louis-François-Joseph Dubois, Officier dans „ les chasseurs à cheval Bataves.

„ Marie-Joseph Dubois, son frère *junior*, „ Officier dans le même corps. „

Pendant que cette séance faisait toute la sensation facile à imaginer en Hollande, il s'établissait des rapports suivis entre les Aristocrates de France et ceux de la République Batave. L'invention de ma folie, qui pouvait bien être déjà due aux premiers, ne céda pas entièrement à l'invention de ma machine; et comme les amis vertueux dont on trouve ci-dessus les noms m'en avertirent; je crus devoir en venir au moyen de Sophocle. On sait que le Dieu du théâtre Grec, que l'honneur de la scène Athénienne fût traduit comme fou devant un tribunal, dans le tems même où tout retentissait le plus de ses chefs-d'œuvres. Ayant vainement lutté par le dédain contre ses accusateurs infâmes, il s'abaissa enfin jusqu'à comparaître. Mais que dis-je, qu'il s'abaissa? Jamais il ne dut un si beau triomphe à la Grèce assemblée. Il lut pour toute réponse son Œdipe à Colone, et comme parmi ses juges il se trouvait un individu qui lui tenait par les liens du sang, celui-ci fut à l'instant chassé du tribunal, et d'Athènes. Je ne sais si mon ouvrage sur la découverte de l'électricité des araignées peut ou doit se comparer à la plus belle tragédie; mais je sais bien qu'il exista le même genre d'indignation contre les monstres qui avaient osé insulter à la raison d'un tel Auteur; et c'est, sans doute, au sentiment profond de cette indignation qu'il faut attribuer l'annonce, même anticipée, que quelques-uns de mes amis crurent devoir faire de ce nouvel ouvrage.

République Batave, la Haye, le 18 Septembre.

„ On commencera lundi à débiter en cette „ ville chez le Libraire J. van Cleef, l'ouvrage „ attendu depuis si long-tems, du citoyen Quatremère Disjonval le plus ancien de nos défenseurs Français, *sur la découverte du rapport constant entre l'apparition ou la disparition, le travail ou le non travail, le plus ou le moins d'étendue des toiles ou des fils d'attache des araignées des différentes espèces, et les variations athmosphériques du beau tems à la pluye, du sec à l'humide, mais principalement du chaud*

» *au froid, et de la gelée à glace au véritable*
» *dégel.* Les grands malheurs de l'humanité
» semblent toujours réparés ou adoucis par des
» présens de l'Etre suprême, qui prouvent bien
» que celui qui afflige est aussi celui qui con-
» sole. Jamais les sciences n'ont peut-être fourni
» un ensemble d'observations aussi agréables,
» aussi utiles, et aussi faciles à vérifier que ce
» qui est présenté dans cet ouvrage. On pour-
» rait dire que l'auteur y continue de mar-
» cher à pas de géant dans une carrière où il
» fut proclamé vainqueur ayant à peine vingt
» ans. Celui qui vient de prendre la nature sur
» le fait, et sur un fait si utile, est le même
» qui en 1777 apprit à sauver les cuves d'in-
» digo, dans un mémoire devenu le premier
» des nôtres sur les sciences et les arts traduits
» en Hollandais; c'est le même qui sauva peu
» après les laines de France améliorées, en
» prouvant jusqu'à la démonstration et aux
» dépens de presque toute sa fortune la si im-
» portante vérité, aux ministres et aux malveil-
» lans ligués avec une indicible acharnement
» contr'elle; c'est le même qui apprit en 1786
» à faire filer les aveugles-nés mieux que des
» clairvoyans, au moyen d'une machine aussi
» simple que peu dispendieuse; c'est le même

» qui accablé de fers à Utrecht par le prince » d'Orange, a su du fond de sa fosse, inventer » et produire le moulin à faire toutes les es» pèces de cordages sans corderies et sans cor» diers, chef-d'œuvre de mécanique qui a un » assez grand rapport avec la superbe invention » par laquelle le Maréchel de Saxe apprit vers » l'année 1748, à faire remonter les bateaux » entre les ponts sans chevaux et sans bras » d'hommes.

» L'ouvrage sur la découverte de l'électricité » des Araignées est imprimé sur deux colonnes, » c'est-à-dire en Français et en Hollandais; il » sera donc compris, et répondra au juste em» pressement des deux Nations. »

On vient de voir que le rapprochement qu'eurent soin de faire les Patriotes de la Haye, entre mes premières découvertes et cette dernière, entre mon moulin à faire les cordages sans bras d'hommes et celui du Maréchal de Saxe à faire remonter les bateaux, sans cette dépense, on voit, dis-je, par tous ces rapprochemens combien les hommes vertueux cherchaient à opposer en tout la tête de Minerve à celle de Méduse. S'il m'était pénible d'être toujours insulté ou éconduit par les suppôts de l'aristocratie, tant en Hollande qu'en France, je savais bien que je n'avais qu'à écrire pour triompher dans le premier lieu, et à paraître pour triompher dans le second. Je continuai donc à m'occuper de l'Aranéologie, cette nouvelle science qui me paraissait devoir fournir tant de secours à l'astronomie physique ; et en attendant que les deux Gouvernemens se lassassent de me refuser jusqu'au bon sens, je fis paraître un nouvel ouvrage purement astronomique, que j'intitulai : *Nouveau Calendrier Aranéologique, dans lequel les phases lunaires sont rectifiées et disposées, conformément aux véritables rapports de la lune avec les vicissitudes atmosphériques, les crises des maladies, et le travail ou le repos des Araignées.* Mon traité de l'électricité des Araignées était singulièrement adapté aux besoins ou aux événemens de la guerre, comme on peut le voir, sur-tout dans les pièces qui le commencent et le terminent ; mon nouveau Calendrier le fut peut-être plus encore, comme on peut le reconnaître par le certificat qui en termine la premiere portion, et est signé de six, tant Colonels qu'Adjudans-Généraux. Je n'attachais pas une grande importance à la publication de cette première partie, qui devait être suivie d'une seconde, beaucoup plus intéressante selon moi. Je ne pus empêcher cependant mes bons amis, les vrais patriotes, de s'en servir pour donner un petit soufflet aux Aristocrates. C'était le 9 Septembre que j'avais commencé à prédire qu'il n'y aurait pas d'hiver, c'est-à-dire que le vent de sud-ouest régnerait constamment, et que par conséquent Amsterdam ne recevrait aucun navire de toutes les mers du Nord. Cette annonce désastreuse fut si bien confirmée pendant tout l'hiver, qui eût pu se dire un été, que le 9 Février on inséra tant en Hollandais qu'en Français, une nouvelle annonce de mon Calendrier Aranéologique, en ajoutant : „ Le principal „ objet de ce Calendrier, qui est d'enseigner à „ tirer des pronostiques certains des phases lu„ naires, vient d'être si admirablement con„ firmé par le tems qui règne depuis le 9 Sep„ tembre, que tous les lecteurs s'accorderont „ sans doute à reconnaître combien les bons „ patriotes sont des bons prophètes.. „ C'était les Négocians ou les Armateurs que j'avais principalement obligés par circonstance : un supplément que je donnai peu de tems après me valut le mérite d'être le défenseur ou le vengeur des astronomes. Ceux-ci avaient été cruellement insultés dans tous les papiers publics, sur leur assertion que le froid qui avait pris le 10 Ventôse, finirait avec la nouvelle lune, qui commencerait le 19. Je réfutai tous les sarcasmes ,

en démontrant que mon nouveau Calendrier Aranéologique, publié depuis six mois, avait déterminé rigoureusement le jour de cette lune où le froid avait cessé. Aussi en fut-il beaucoup plus question dans les papiers publics depuis ce moment. La ville d'Utrecht sur-tout se signala et se hâta de répandre dans les deux langues l'annonce suivante : ,, Le citoyen Quatremère Disjon-
,, val, domicilié actuellement à Utrecht, où la
,, précédente Législature lui a ordonné d'être
,, jusqu'à ce qu'il eût obtenu un remplacement
,, actif dans l'armée Batave, et des indemnités
,, en proportion avec sa longue et inique cap-
,, tivité, ce citoyen, disons-nous, vient de mettre
,, la dernière main à son ouvrage, plusieurs fois
,, repris et interrompu, de la rectification des
,, phases lunaires, conformément aux véritables
,, rapports de la lune avec les vicissitudes atmos-
,, phériques, les crises des maladies, et le travail
,, ou le repos des araignées. Une correspondance
,, serrée avec le premier Astronome de l'Europe,
,, qui est en même-tems son maître et son ami,
,, avec le citoyen Delalande, enfin, l'ayant mis
,, à même de savoir tout ce qu'on desirait en
,, plus à son nouveau Calendrier Aranéologique,
,, publié au milieu de Décembre de l'année der-
,, nière, on doit dire qu'il laisse peu d'ambi-

„ guités sur cette si importante matière, dans „ une édition qu'il vient de faire imprimer en „ cette Commune. Elle est connue pour celle „ de Hollande, où on cultive l'astronomie avec „ le plus de zèle. Le citoyen Quatremère ne pou„ vait donc mieux choisir pour le lieu de l'émis„ sion de son dernier travail sur cette matière, „ et il ne pouvait présenter une plus digne of„ frande au Général Beurnonville, Commandant „ en chef l'armée du Nord, qui vient décidé„ ment y établir son quartier général. „

Le nouveau Calendrier Aranéologique cependant est encore à pouvoir parvenir en France. Sa fin surtout s'accorde mal avec la folie; et dans le désespoir où nos Aristocrates de France sont que cet ouvrage existe, ils n'épargnent rien pour le retenir en Hollande (1).

---

(1) On a bien fait ce qu'on a pu pour en retarder aussi la publication en Hollande. On a employé deux ou trois stratagêmes, à faire que la seconde partie ne pût pas se réunir à la première. Mais si le public fut balotté pendant quelques jours, il a fini par en être bien mieux endoctriné, vu ce second avis que les honnêtes gens firent publier en Français, en Hollandais et en Allemand. « Un » mal entendu, quant à la réunion de la première partie » du nouveau calendrier aranéologique avec la seconde, » est cause que les Libraires n'ont pu le fournir au pu-

Mais il est tems, citoyen Ministre, de revenir à ce qui concerne plus directement la guerre. Quoique le Comité de Salut Public m'eût promis, le 20 Messidor, de s'occuper de moi sans délai, il en prenait beaucoup, et je ne réussissais guère mieux à obtenir ma réintégration préalable dans l'armée Batave. Y étant enfin parvenu, je ne m'occupai plus que de repasser d'une manière active au service de France, du moins pour aussi long-tems que laguerre durerait. Ce qui me le faisait desirer plus encore, c'est que nous n'éprouvions alors que des revers. Le Général Pichegru était contraint de reculer sur le Rhin. La Gazette française de Leyde qui, depuis que les Aristocrates en ont su faire interdire l'entrée en France, est le repaire de toutes les horreurs que peut vomir le royalisme contre la république, la Gazette de

---

» blic dans le moment où il fut annoncé. Mais on pourra » s'en procurer dès aujourd'hui chez le Libraire vander » Schroeff à Utrecht, et samedi prochain chez le Libraire » Leeuwestyn à la Haye. C'est avec regret que les Li- » braires ont dû renvoyer jusqu'au moment présent tous » ceux qui se sont présentés sur la réputation du citoyen » Quatremère Disjonval, pour acquérir l'ouvrage, non » pas le plus volumineux, sans doute, mais le plus im- » portant peut-être qu'on ait jamais offert à la médecine, » à l'agriculture et à l'art militaire ».

Leyde ne manquait point à exagérer les avantages de Clairfayt, d'une manière aussi fausse qu'insolente. On me choisit pour forcer Luzac à reparler avantageusement des Français, du moins une fois. J'avais conservé depuis 1787 de grands droits sur son estime et même sur sa plume. M'étant assuré auprès du Général Moreau que je recevrais un grade en quelque proportion avec mes circonstances, je le fis parvenir à Luzac, qui, malgré son serment de ne parler des Français que comme battus ou dignes de l'être, inséra cet article en leur honneur.

La Haye, le 23 Novembre.

» Nous apprenons que le citoyen Quatremère » Disjonval, Adjudant-Général de l'armée Ba» tave, ayant été nommé Général de Brigade » au service de la République Française, pour être » employé à l'armée du Rhin, va s'y rendre in» cessamment. Ce savant, qui réunit la profes» sion des armes pour la défense de la liberté, » aux connaissances les plus étendues dans les » belles lettres et les sciences exactes, vient » d'achever pour l'impression un ouvrage con» tenant les principes *sur un nouvel enseignement*, » où il développe des idées neuves sur le rap-

port

„ port entre le langage des signes de l'écriture „ et celui de la parole ou de la prononciation. „

Ce qu'il y avait de plus certain dans cet article, c'était l'existence *d'un nouvel enseignement* fondé sur des rapports inconnus jusqu'à moi, entre le langage des signes de l'écriture et celui de la parole ou de la prononciation. Quant à mon admission au service de la République Française, dans un grade supérieur, la besogne n'était pas aussi avancée, quoique j'eusse fait parvenir au Ministre Aubert-Dubayet, par le général Moreau, des travaux sur la fortification de campagne, sur le jet des bombes, et sur plusieurs autres parties de la tactique, qui avaient paru à ce général très-instruit faire plus que me tirer du pair. On me répondit des bureaux, à mon très-grand étonnement, qu'avant de prétendre à être revêtu d'un grade supérieur dans les armées de la République Française, je devais envoyer de plus amples renseignemens sur mon patriotisme et mon attachement à la République. Je me hâtai toutefois de les envoyer, mais beaucoup plus en imprimés qu'en manuscrits. Je venais d'ailleurs de publier mon nouveau calendrier aranéologique, et j'en joignis un exemplaire ne retentissant d'un bout à l'autre que des services que l'Aranéologie avait rendu et rendrait encore aux militaires. Cette dépêche m'attira du Ministre une réponse que je crois encore bon de reproduire.

Paris, le 2 Pluviôse, an 4.

Aubert-Dubayet, Ministre de la guerre, au citoyen Quatremere Disjonval, Adjudant-Général Batave.

« J'ai reçu, citoyen, votre lettre du 17 Nivôse, avec le calendrier que vous y avez joint. Je prendrai en considération vos différentes demandes, et il ne tiendra pas à moi que vous ne soyez pleinement satisfait sur tous les points qui vous intéressent ».

Salut et fraternité.

Il y a lieu de croire que ce Ministre avait été informé un peu avant, par le Général Moreau lui-même, d'un évènement à la Haye, dans lequel je n'avais pas peu contribué à faire briller l'intelligence et la bravoure française. Le feu prit, le 24 Frimaire, ou 15 Décembre, à une des plus vastes maisons de la rue, dans laquelle se trouve l'hôtel de France, et très-près de cet hôtel. Le Général Moreau fut bientôt arrivé au lieu de l'incendie avec tous les Généraux et Adjudans-

Généraux, tant de l'armée Française que de l'armée Batave. Je m'y portai avec eux, et comme le second corps de logis commençait à porter l'incendie dans le troisième qui était de beaucoup le plus considérable, qui était d'ailleurs le plus voisin de l'hôtel de France, je dis au Général Moreau que je me chargeais de couper le feu au mur de refend de ce troisième corps-de-logis, s'il me permettait de monter sur le toît avec un hussard de mon choix. Le Général Moreau m'en ayant donné la permission, j'arrivai bientôt avec mon hussard jusqu'au haut du toît, quoique les échelles fussent de vingt pieds trop courtes. La cheminée qu'il nous fallait embrasser pour arriver jusqu'en haut étant très-vieille, s'écroula deux fois sur nous, et nous causa des meurtrissures très-graves, à moi surtout. Mais l'incendie léchait déjà les tuiles par en haut, et entrait par toutes les portes déjà consumées depuis le rez-de-chaussée jusqu'au grenier. J'eus l'idée d'arracher toutes ces tuiles brûlantes avec mon hussard. Cela fut exécuté sans outils en moins de quelques minutes, mais non pas sans nous brûler l'intérieur des mains d'une manière cruelle, et dont le hussard, ainsi que moi, avons été plus de deux mois à guérir. Toujours est-il vrai que le toît ayant été enun instant dégarni de ses tuiles, quatre pompes purent arroser cet édifice dans toute sa longueur par le haut, et l'ont préservé depuis le haut jusqu'en bas à partir de ce moment, ainsi que tout ce qu'il contenait, jusqu'aux chaises de paille, les planchers de Hollande, qui ne sont que de bois, ayant permis à toute l'eau supérieure d'arriver jusques dans les pièces les plus inférieures.

Voici la traduction authentique des Gazettes de la Haye, relative à ce fait.

Extrait translat de la Gazette Hollandaise de la Haye, imprimée chez J. de Groot et fils, le 16 Décembre.

La Haye, le 16 Décembre. « Un incendie des plus terribles ayant éclaté hier entre » deux et trois heures de l'après-midi, dans » une des plus belles maisons du Nord-Eind, » très-près du bâtiment, dit la vieille cour, actuellement l'hôtel du Ministre de la République Française ; tous les Généraux des deux » armées, les troupes de ligne et la garde bourgeoise furent en un instant sur pied. La » promptitude des secours n'empêcha pas que » les deux corps-de-logis, dont le second est » le plus élevé, n'ayent dû être la proie des

» flammes. Mais comme le troisième qui est le
» plus considérable allait prendre feu par l'effet
» du vent, et comme le Général Moreau exhor-
» tait tous et un chacun à faire le possible pour le
» préserver, le citoyen Quatremère Disjonval,
» de tout tems connu par son intrépidité, et
» qui venait d'en donner de nouvelles preuves,
» en restant le dernier dans des pièces sur la
» rue où il avait sauvé beaucoup de choses, ce
» citoyen, disons-nous, offrit au Général Moreau
» d'aller découvrir le toît de toute cette partie
» de bâtiment, sans outils, si on lui donnait
» seulement le hussard Christian Bosch du troi-
» sième des hussards de la République Fran-
» çaise. En un instant ces deux braves furent
» à soixante-dix pieds d'élévation. Ils arrachèrent
» toutes les ardoises qu'ils jettèrent dans l'inté-
» rieur du grenier; on fit jouer quatre pompes
» par en haut qui éteignirent tout ce qui com-
» mençait à brûler par-dessous, et l'incendie
» fut coupé entre cinq et six heures du soir.
» Belle leçon pour ceux qui auront désormais
» le soin d'éteindre les incendies d'édifices cons-
» truits comme le sont les nôtres ».

Accordé pour extrait translat authentique, avec la susdite Gazette, chez moi, Notaire à la Haye, ce 20 Décembre 1796.

Signé Schmolck.

Cet article de la gazette de la Haye, ou plus probablement la leçon qui le termine, déplut au citoyen le Monnier Directeur des pompes, et il fit insérer dans la même gazette en se signant, un article dans lequel il releva le précédent comme ayant dit à tort; 1°. que ce bâtiment était couvert d'ardoises; 2°. qu'il y avait du vent tandis qu'il régnait au contraire un grand calme; 3°. que l'incendie n'avait été éteint que parce que des étrangers s'en étaient mêlés. Je crus pour l'honneur de ma nation et de la vérité, devoir faire insérer à mon tour, et en me signant, la réponse suivante, dont voici encore la traduction authentique.

Extrait translat de la gazette Hollandaise de la Haye, imprimé chez J. de Groot et fils, le 20 Décembre 1795.

„ La Haye le 20 Décembre. Que le toît du „ bâtiment, dont j'ai sauvé, avec le hussard » sous mes ordres, tout l'extérieur et tout l'inté- „ rieur fut couvert de tuiles ou d'ardoises, je „ ne crois pas que ce soit ce qu'il importe beau- » coup d'examiner ni de transmettre au Public. » Qu'il y ait eu du vent entre 4 et 5 heures, » c'est ce que prouve évidemment l'état d'in-

» condescence des tuiles qui nous ont brûlé si
» profondément les mains ; puisque si la flamme
» n'eut léché ce toit par l'effet du vent, les tuiles
» n'auraient pas été si brûlantes, et nous n'au-
» rions pas été deux fois obligés de céder pen-
» dant notre opération à la flamme et à la
» fumée qui nous ont couvert par deux fois.
» Que les étrangers n'ayent point droit de sauver
» leurs alliés lorsqu'ils en ont la hardiesse et
» le talent, c'est ce que je laisse décider à de
» plus grands publicistes que moi. Mais je crois
» que je mettrai fin aux jalouses tracasseries
» du citoyen Directeur des pompes et de ses
» coalisés, en lui apprenant que j'ai été invité
» de me rendre à la Municipalité avec le hus-
» sard Christian Bosch pour y recevoir une pre-
» mière effusion de sa reconnaissance, et que
» nous sommes ajournés à huit jours pour y
» recevoir des témoignages de cette reconnais-
» sance encore plus effectifs.

Signé Quatremère Disjonval, accordé pour extrait translat authentique avec la susdite gazette, chez moi, Notaire à la Haye, ce 22 Décembre 1795.

Signé Schmolck.

Vous pouvez savoir, citoyen Ministre, qu'il

s'est élevé à mon occasion plus d'une voix pour proférer ce blasphême, qu'un savant n'était pas propre à être militaire. Sans remonter à l'exemple de Socrate, qui, déclaré par l'oracle de Delphe le plus savant des hommes, s'est trouvé à trois batailles, dont celle de Mentinée ne fut que la plus sanglante, j'avais déjà répondu que Xenophon, Polybe, César, Pline, le Naturaliste, avaient prouvé autre fois combien la science pouvait servir à la guerre. Mais sans sortir de ce qui m'est propre, vous voyez que les connaissances ou littéraires ou mathématiques ou phisiques ne m'ont empêché ni de concevoir ni d'exécuter l'opération la plus salutaire comme la plus hardie, à la face de militaires consommés, et qui ont eu la générosité d'y beaucoup applaudir.

Le feu de la guerre s'étaignit peu-à-près lui-même par un armistice, et j'insistai moins près du Ministre Aubert-Dubayet pour obtenir un emploi à l'armée du Rhin. Mais le vrai patriotisme ne sommeille jamais ; je l'aidai ce Ministre, dans une de ses opérations les plus importantes du mois de Ventôse, je veux dire sa circulaire à tous les Agens Militaires de la République sur la nécessité de consommer la première Réquisition. Il avait circulé à Amsterdam une lettre courte mais assez énergique, par laquelle j'avais ordonné, peu avant, à la citoyenne ma femme, de m'envoyer à l'armée du Rhin le seul enfant mâle que nous ayons jamais eu. Tout me prescrit de terminer, par l'article de la gazette Française d'Amsterdam qui y est relatif, l'exposé des titres et papiers que vous m'avez demandés, citoyen Ministre, pour être à même de certifier au Directoire Exécutif que je ne suis ni un Emigré ni un Royaliste.

Gazette d'Amsterdam, du 9 Février 1796, d'Amsterdam le 8 Février.

« Nous avons eu ici pendant quelques jours, » le citoyen Quatremère Disjonval, qu'il ne faut » pas confondre avec le Quatremère de Quincy » du 13 Vendemiaire, son plus jeune frère. Le » premier attaché sans relâche à la défense de » notre cause depuis l'année 1786, a écrit dernièrement à la citoyenne sa femme une lettre » trop brûlante du feu Républicain, pour que » nous ne nous empressions pas de la rendre » publique.

« La Haye le 20 Novembre, l'an premier » de la liberté Batave. La citoyenne Sophie-Scholastique Quatremère Disjonval voudra bien » faire partir, sitôt la présente reçue, Adolphe,

» Quatremère Disjonval mon fils, pour le quar-
» tier général du Général Pichegru. C'est-là que
» je veux faire connaissance avec l'enfant que
» m'a donné la nature, et que m'ont empêché de
» connaître les tyrans. — O ma patrie ! Que
» ne suis-je assuré que le sang de ma fille ache-
» verait de mettre le sceau à ta gloire et ton
» bonheur ! Je crois que j'imiterais encore le
» père d'Iphigénie ».

Je sais trop bien, citoyen Ministre, que ce langage est beaucoup plus propre à la cité d'Amsterdam qu'à celle de Paris, et je ne doute pas que, lorsque l'impression aura rendu public ce tissu de pièces justificatives, toute la horde du 13 Vendémiaire qui infectera de nouveau la littérature, la société, les corps législatifs ne réussisse à faire trouver ce langage de la Brutucerie des plus outrageantes pour la raison, surtout pour le beau parlage. Mais je vous prie, citoyen Ministre, vous et les vôtres, de vouloir bien faire tout le cas dû de ce que dit la grande cité d'Amsterdam. Ce n'est pas dans le cerveaux creux des phrasiers et des fous du 13 Vendemiaire qu'a germé le grand ouvrage de la liberté, ce chef-d'œuvre qui a dicté à Mirabeau les plus beaux accens qu'il ait proférés, cette révolution qui est pour jamais inscrite dans les plus hauts faits du genre humain. C'est la cité d'Amsterdam qui a conçu le projet d'humilier ou d'anéantir vingt Despotes et vingt Rois. — C'est la cité d'Amsterdam qui vous a fait Libres, Républicains Ministres.—C'est la cité d'Amsterdam qui juge qui apprécie vos opérations, — Et, comme je l'ai dit à l'un des membres du Directoire, c'est ce même pays qui aidera à réparer les désastres, qui fournira de nouvelles et inconcevables ressources, qui aura la gloire de finir ce qu'il a eu l'honneur de commencer.

Salut et respect,

QUATREMÈRE DISJONVAL.

La lettre suivante, au Rédacteur du Mercure Universel, s'étant trouvée trop longue pour y être insérée promptement, on a cru ne pouvoir la placer plus convenablement qu'ici.

Paris, 12 Fructidor, an 4.

CITOYEN,

Je vous ai promis un article sur les Arts. Je pense avoir suffisamment désavoué l'ouvrage contre les enlèvemens d'Italie, à la tête duquel se trouvent quelques initiales en rapport avec mon nom (1). Je vais, à ce que je crois, finir de mettre le Directoire Exécutif en état de trancher la question.

Pardonnez, si, pour début ou pour exorde, je commence par copier littéralement deux titres.

« Dissertation physique de M. Pierre Camper, » sur les differences réelles que présentent les » traits du visage chez les hommes de différens » pays et de différens âges; sur le beau qui ca- » ractérise les statues Antiques et les pierres gra- » vées; suivie de la proposition d'une nouvelle

(1) Si l'on s'obstine à vouloir me prouver que la brochure A. Q. est due à quelqu'un qui me tient (même de fort près) je ne me refuserai point à convenir, d'après la première initiale, qu'il y a même plus d'un Ane dans ma famille.

» méthode pour dessiner toutes sortes de têtes
» humaines avec la plus grande sûreté ; publiée
» après le décès de l'Auteur, par son fils Adrien
» Gilles Camper ; traduite du Hollandais, par
» Denis-Bernard Quatremère Disjonval ».

« Discours prononcés par feu M. Pierre Cam-
» per, en l'Académie de dessin d'Amsterdam,
» sur le moyen de représenter d'une manière sûre
» les diverses passions qui se manifestent sur le
» visage ; sur l'étonnante conformité qui existe
» entre les quadrupèdes, les oiseaux, les poissons
» et l'homme ; et enfin sur le beau physique ;
» publiés par son fils, Adrien Gilles Camper,
» traduits du Hollandais, par Denis-Bernard
» Quatremère Disjonval (1) ».

Citoyen, hé bien ! l'Homme qui a laissé ces deux monumens, beaucoup plus précieux que ceux qui sont à exporter d'Italie, parce qu'ils sont destinés à bannir des défauts que présentent ces chef-d'œuvres même, hé bien ! vous dis-je, l'Homme ou le demi-Dieu qui appelle tous les artistes à ses pieds pour leur apprendre, par ces deux ouvrages sur les beaux Arts, ce dont ils ne se doutèrent jamais : ce demi-Dieu enfin n'a jamais été en Italie.

(1) Ces deux œuvres se trouvent à Paris, à l'Imprimerie du Cercle Social, rue du Théâtre-Français, N°. 4.

Les soixante-quatorze pages de galimathias ayant pour Auteur A. Q., et où il est dit entr'autres, *qu'on a voulu expliquer l'Antiquité avant qu'elle fût explicable*, ne détruiront pas ces deux faits également éversifs de tous ses syllogismes, l'un que l'Antiquité a toujours été explicable, l'autre qu'elle a été publiquement expliquée à Amsterdam, les premier et deux Août 1770, par un professeur qui n'avait pas été et qui devait même mourir sans aller en Italie.

Mais il vivait chez un de ces peuples pirates, qui, sans respecter la ligne de démarcation dont on nous berce, avait depuis trois siècles formé de superbes cabinets de superbes galleries aux dépens des trésors prétendus inamovibles de l'Italie. Ce qu'il en put étudier dès son enfance prépara dès-lors celui qui devait expliquer l'Antiquité à partir de 1770, soit qu'elle fût encore explicable ou non au jugement de nos philosophes, de nos économistes, de nos encyclopédistes, qui, s'ils ne paient pas leur contingent à l'Univers en Découvertes, le lui paient en Dictionnaires.

Ayant commencé toutefois cette déclaration, je déclarerai tout. Si le géant qui se nommait Pierre Camper, a pulvérisé, des bords de la mer Baltique ce Winkelman qui peut-être nâquit, vécut, mourut en Italie, et ne sut pas même bien copier (1), le même Pierre Camper n'a pas eu tout-à-fait ce qui lui était nécessaire pour donner son chapitre particulier *sur le caractère des statues Antiques sur celui des médailles et des pierres gravées*. Or, qu'attendait-il, en attendant jusqu'au moment de sa mort, pour donner ce chapitre? Il attendait qu'un autre demi-Dieu comme lui, qu'un Buonaparte, faisant taire tous les préjugés tous les proverbes, traversât les Alpes comme la foudre, sut faire pénétrer une armée de Français en Italie, et, qui plus est, sut l'y faire vivre. Il attendait qu'un Directoire, composé d'hommes aussi propres à braver les croassements du royalisme et de l'envie, prêtât main-forte au nouvel Annibal pour en tirer ce qui peut l'être, sans déparer les galleries sans tronquer les collections, en morceaux de peinture et de sculpture isolés, comme il y en a tant, depuis sur-tout que les fouilles se redoublent et se multiplient avec autant de succès que d'activité.

---

(1) Page 4, de la Préface : « Mais j'ai reconnu que » dans toutes ces œuvres, chacun avait substitué sa ma» nière propre à celle des Anciens, qu'à tous manquait » ce tact qu'on devrait cependant pouvoir acquérir par » l'étude de leurs ouvrages ; que *Winkelman* enfin pé» chait lui-même dans l'exécution, tant il est difficile » d'imiter ce beau vraiment sublime qui fait le caractère » de l'Antique, lorsqu'on n'a pas découvert les véritables » raisons physiques sur lesquelles il est fondé ».

Par une des fatalités de ma vie, j'étais appellé à expliquer l'Antiquité (tout inexplicable qu'on la prétend) sur l'article si important de l'architecture, mais beaucoup plus rebelle ou plus fugace que celui de la peinture et de la sculpture. Je ne demande certainement pas que le Directoire me fasse arriver sur une civière le Panthéon, le Colisée, les colonnes Trajane et Antonine, ni les points de vue d'où l'on voit *de si admirables couchers du soleil*; mais je desire que le caractère de l'Antique, en fait d'architecture, étant sur le point d'être donné et démontré par moi, comme l'a été celui de la peinture et de la sculpture par Camper, on me mette à même de compléter, par le croquis de quelques nouvelles fouilles, les matériaux dont se compose mon nouvel édifice. C'est une nouvelle offrande que je desire faire à tous ces Messieurs qui voudraient tant qu'on n'expliquât pas l'Antiquité; à ces beaux Messieurs dont on fera je crois le portrait le plus ressemblant, en disant d'eux, comme Pascal des Jésuites, *qu'ils lisent peu, écrivent moins*, MAIS INTRIGUENT BEAUCOUP.

Salut et fraternité.

QUATREMERE DISJONVAL,

Adjudant-Général Batave.

www.ingramcontent.com/pod-product-compliance
Lightning Source LLC
LaVergne TN
LVHW010102230826
846091LV00005B/2053
* 9 7 8 2 0 1 1 7 7 3 3 8 8 *